Traudel Hartel

Basteln mit dem Motivlocher

AUGUSTUS

Inhalt

Material und Hilfsmittel

Mit Motivlochern, die in großer Auswahl in Papier- und Bastelgeschäften angeboten werden, lassen sich leicht und schnell Dekorationen für die verschiedensten Anlässe herstellen. Der Phantasie sind dabei keine Grenzen gesetzt, und der Spaß eignet sich gleichermaßen für Jung und Alt. (Fast) alles, was Sie noch dazu brauchen, sind einige bunte Papiere, Faltkarten und ein paar zündende Ideen. Die in diesem Buch vorgestellten Modelle sollen Ihnen hierzu Anregungen vermitteln und sind auch einfach nachzuarbeiten.

Material

Tonpapier und Fotokarton in den
   gewünschten Farben
Wellpappe
Naturpapiere und Strohseide
bunte Faltkarten

Accessoires

Vor allem Naturmaterialien, wie Bast
Muscheln, Jute etc.

Hilfsmittel

Bleistift	Farben
Lineal	Klebestift
Schere	Doppelklebeband
Cutter	Ahle
Pinsel	Falzbein

In der Materialliste zu den Modellen (»Das wird gebraucht«) werden jeweils detaillierte Angaben zum benötigten Material gemacht. Nicht mehr aufgeführt sind hier die oben genannten Hilfsmittel, da diese für fast alle vorgestellten Bastelarbeiten gebraucht werden und somit zur Grundausstattung zählen.

Grund-techniken

Faltkarten selbst anfertigen

Die Faltkarten in gängiger Postkartengröße können Sie als fertige Karte im Schreibwarengeschäft kaufen oder selbst zuschneiden. Für eine Karte im Hochformat schneiden Sie das gewählte Papier in der Größe 15 x 21 cm zu, für ein Querformat schneiden Sie einen Streifen von 10,5 x 30 cm. Die Zuschnitte werden anschließend in der Mitte entsprechend gefalzt.

Texte einarbeiten

Häufig werden kurze Texte, z. B. Grüße oder bestimmte Stichworte, auf die Karten aufgeklebt. Die Vorlagen für diese Schriftzüge finden Sie auf dem Vorlagenbogen. Kopieren Sie den Text von dort auf das gewünschte Papier, z. B. auf Bunt- oder Transparentpapier, oder zeichnen Sie ihn von Hand auf Transparentpapier durch. Das verleiht der Schrift eine persönliche Note.

Happy birthday

Vorlagenbogen Seite A

Mit dieser Dekorationsidee ist es ein Kinderspiel, Geburtstagskarte und Verpackung, einschließlich des Tischs und anderer Elemente, aufeinander abzustimmen.

Das wird gebraucht

Fotokarton, rot und gelb, oder fertige Falt-
karten, rot und gelb, 10,5 x 15 cm
Tonpapier, grün, rot und gelb
Falttüte, gelb
Motivlocher »Kleeblatt« und »Herz«
Marienkäfer aus Holz
Hanf- und Bastfäden
Textkopie »happy birthday«
Motivschere

So wird's gemacht

Falls Sie die Karten selbst anfertigen, ein Rechteck der Größe 15 x 21 cm aus Fotokarton zuschneiden und in der Mitte zur Faltkarte falzen (siehe auch Seite 5).

Rote Karte

Kopieren Sie das Textblatt »happy birth-day« vom Vorlagenbogen und schneiden Sie den Textblock mit der Motivschere aus. Außerdem werden mit dem Motiv-locher fünf Kleeblätter aus grünem Ton-papier ausgestanzt. Den Text auf der Vorderseite der Karte auflegen, vier Kleeblätter an den Schriftrand setzen und die Teile, zusammen mit den klei-nen Holzkäfern, festkleben. Als Deko-ration noch eine Schleife aus Hanffäden aufkleben und mit einem Kleeblatt plus Käfer verzieren.

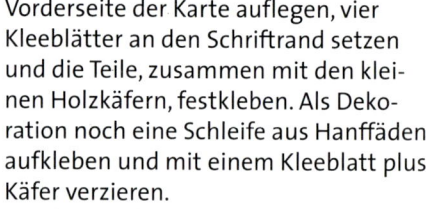

Gelbe Karte

Bei dieser Karte verfahren Sie genauso wie oben beschrieben; zusätzlich wird hier jedoch unter den Text ein rotes Ton-papierrechteck der Größe 6,5 x 8,5 cm geklebt. Den Text können Sie auf gelbes Papier kopieren oder nachträglich mit Pinsel und Farbe einfärben. Anstelle der Marienkäfer kleine gestanzte Herzen auf die Kleeblätter kleben und die Karte mit einer Bastschleife verzieren.

Geschenkanhänger

Aus roten Papierresten ein Rechteck der Größe 8 x 12 cm zuschneiden (siehe auch Vorlage) und in der Mitte falten. Kleben Sie in der Mitte ein 4 x 4 cm großes Quadrat aus gelbem Tonpapier auf und verzieren Sie dieses mit einem gestanzten Kleeblatt und Herz. Das Kärtchen wird mit Bastfaden und einem aufgeklebten Kleeblatt an der gelben Falttüte angebracht. Zusätzlich noch zwei rote Herzen am unteren Rand an-kleben.

Für Tierfreunde

Vorlagenbogen Seite A

Fast alle Menschen haben ein Lieblingstier ... Deswegen kommen solche Karten auch immer gut an.

Das wird gebraucht

Faltkarte, blau
Faltkarte aus Naturpapier, gelb
Faltkarte aus Wellpappe, orange
Papierreste, grün, braun, blau, schwarz und gelb
Strohseide, weiß
Motivlocher »Pferd«, »Katze« und »Kuh«
Schriftkopie auf Transparentpapier
Satinband, blau
Bastfäden
Stift, weiß

So wird's gemacht

Katzenkarte
Aus der blauen Karte stanzen Sie das Katzenmotiv dreimal aus. Die ausgestanzten Motive werden auf eine gelbe Karteneinlage geklebt, die Sie selbst in entsprechender Größe zuschneiden. Auf die Vorderseite dünne gelbe Papierstreifen als Schleife aufkleben und mit einem Katzenmotiv schmücken.

Pferdekarte
Aus einem 15 x 21 cm großen Rechteck aus gelbem Naturpapier falten Sie eine Karte (siehe auch Seite 5). Die Pferdemotive aus blauem Tonpapier ausstanzen. Mit gerissenen Papierresten eine Landschaftscollage zusammenstellen und aufkleben. Anschließend die Pferde platzieren. Zum Schluss wird die Karte mit dem Schriftzug auf Transparentpapier und blauen Satinbändern verziert.

Kuhkarte
Kleben Sie einen Streifen aus gerissener weißer Strohseide mittig auf die Wellpappenkarte auf. Das Kuhmotiv aus schwarzem und gelbem Tonpapier ausstanzen und darüber kleben. Die Kühe werden mit weißem Stift fleckig bemalt, die Karte abschließend mit einer üppigen Bastschleife dekoriert.

Sommer-impressionen

Vorlagenbogen Seite A

Der Traum vom Sommer ... Dazu passen die strahlenden Margeriten immer.

Das wird gebraucht

Wellpappe, natur
Naturpapier oder Fotokarton, grün und
  blau
Papierreste oder Strohseide, gelb, weiß,
  grün und rot
Motivlocher »Blumenblüte«, klein und
  groß
Schreibpapier, weiß
Schriftkopien auf Transparent- und
  normalem Papier
Buntstifte
Motivschere
Bastfaden
große Nadel

So wird's gemacht

Einladungskarte »Sommerfest«
Die Faltkarte aus 10,5 x 30 cm großer
Wellpappe im Querformat anfertigen
(siehe auch Seite 5). Eine Collage aus
gerissenen feinen Papieren oder Strohseide zusammenstellen und die Streifen
auf der Vorderseite der Faltkarte aufkleben. Kleine und große Blumenblüten
aus weißem Papier ausstanzen und festkleben, danach das Textband »Sommerfest« auf Transparentpapier anbringen.
Mit einem gelben Buntstift werden zum
Schluss die Blütenstempel aufgemalt.

Grünes Kuvert
Das Kuvert nach der Vorlage aus grünem Naturpapier zuschneiden, falten
und zusammenkleben. Die Klappe wird
mit weißem Papier, dessen Rand mit
der Motivschere geschnitten ist, unterlegt. Drei weiße Blüten ausstanzen, aufkleben und jeweils gelbe Blütenstempel
aufmalen.

Geschenkanhänger
Aus Fotokarton oder anderen Papierresten ein Rechteck der Größe 8 x 14 cm zuschneiden (siehe auch Vorlage) und in
der Mitte falten. Auf die Vorderseite des
Kärtchens kleben Sie einen Rest gelber
Strohseide mit gerissenem Rand. Kleine
weiße Blüten ausstanzen, aufkleben
und die Blütenmitte gelb anmalen.
Schneiden Sie nun das Textband »Vielen
Dank« mit der Motivschere aus und
kleben Sie es auf. Bringen Sie zur Befes-
tigung mit Hilfe einer Nadel den Bastfaden an.

Von Herzen

Vorlagenbogen Seite A

»...liche Grüße« an einen lieben Menschen – oder einfach ohne Worte: Das Herz als Symbol wird immer verstanden.

Das wird gebraucht

Faltkarten, rot und weiß
Wellpappe, regenbogenfarben, natur und
  rot
Strohseide, rot, gelb und natur
Tonpapier, rot, gelb und weiß
Zeitungen oder Zeitschriften, kopierte
  Texte
Motivlocher »Herz«
Hanfschnur, gelb

So wird's gemacht

Rote Karte mit Schleife

Die Karte mit gerissener Strohseide etwa in der Größe 8,5 x 12 cm beziehen. Darauf sechs jeweils 3 x 3 cm große Quadrate aufkleben, die Sie aus regenbogenfarbener Wellpappe zuschneiden. Mit dem Motivlocher aus Textseiten von Zeitungen etc. schließlich noch Herzen ausstanzen und auf die einzelnen Quadrate kleben. Die Karte zum Schluss mit einer gelben Hanfschleife dekorieren, die mit Klebstoff fixiert wird.

Weiße Karte

Kleben Sie auf die weiße Faltkarte zunächst ein 7 x 7 cm großes Quadrat aus Wellpappe auf; darauf wird gerissene rote Strohseide, etwa 5,5 x 5,5 cm groß, befestigt. Mit dem Motivlocher ein Herz aus roter Wellpappe ausstanzen und dieses auf gelbes Papier der Größe 4 x 4 cm kleben. Die Ränder des gelben Papiers mit der Motivschere schneiden; anschließend aufkleben. Drei kleine ausgestanzte rote Herzchen am unteren Rand melden die »...lichen Grüße« an.

Rote Karte mit Herz-Kleeblatt
Die Faltkarte mit weißem Tonpapier der Größe 8 x 12 cm beziehen. Darauf kleben Sie gerissene gelbe Strohseide und vier ausgestanzte rote

Herzen in Form eines Kleeblattes. Ein weiteres rotes Herz ist Teil des Schriftzuges im unteren Bereich der Karte.

Geschenkanhänger
Schneiden Sie gelbes Tonpapier für ein kleines Kärtchen der Größe 6 x 8 cm zu (zur Anfertigung siehe Seite 5). Darauf ein 4 x 6 cm großes Rechteck aus Wellpappe aufkleben sowie fünf kleine Stanzherzchen in Rot und ein größeres in Gelb.

Zum freudigen Ereignis

Vorlagenbogen Seite A

Damit auch alle anderen, die Ihnen am Herzen liegen, von Ihrem Glück erfahren ... Oder verschenken Sie die Karten an die frisch gebackenen Eltern.

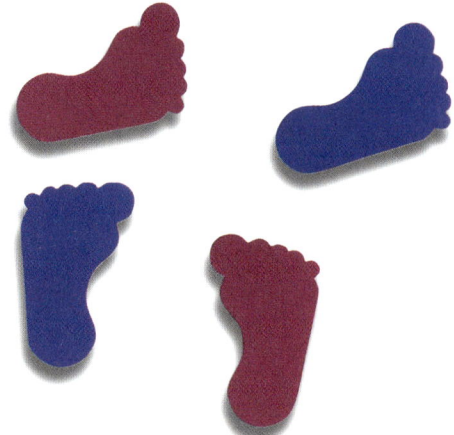

Das wird gebraucht

Wellpappe, pink und grün
Faltkarte, blau
Tonpapier, weiß und regenbogenfarben
Satinband, weiß und rot
Motivlocher »Fuß«, »Herz« und »Teddybär«
Strohseide, weiß und rosa

So wird's gemacht

Blaue Karte
Die Füßchen und das Herz mit dem Motivlocher aus weißem Tonpapier ausstanzen. Nun kleben Sie im unteren Bereich der Karte gerissene weiße und rosafarbene Strohseide auf. Die Füßchen auf der Karte anordnen und ankleben; das »Schlusslicht« bildet das Herz, das als Namensschild dient. Die Karte wird mit einer kleinen weißen Satinschleife und mit dem Schriftzug »Ich bin da ...« (siehe Vorlage) verziert.

Wellpappekarte in Pink
Aus einem Wellpapperechteck die Faltkarte anfertigen (zur Technik siehe Seite 5). Anschließend dekorieren Sie die Vorderseite wie oben für die blaue Karte beschrieben und bringen den gewünschten Schriftzug (siehe Vorlagen) an.

Teddybär-Karte
Die Faltkarte aus grüner Wellpappe zuschneiden (zur Technik siehe Seite 5); sie wird mit bunten Teddybären aus regenbogenfarbenem Tonpapier beklebt.

Den Luftballon nach der Vorlage zu-schneiden und als Namensschild ver-wenden. Binden oder kleben Sie ein rotes Satinbändchen am Ballon an und legen Sie es so auf der Karte aus, dass eine Verbindung zu den Teddys herge-stellt ist. Zum Schluss den gerissenen Schriftzug (siehe Vorlage) aufkleben.

• Tipp •

Eine hübsche Ergänzung für die Karte ist eine separate Einlage mit dem Foto des Babys.

Tischlaternen

Die passende Tischdekoration zum Fest ist in Windeseile gebastelt. Viel-leicht können die Kinder sogar dabei mithelfen?

Das wird gebraucht

Windradfolie (Bastelgeschäft)
Doppelklebeband
Strohseide, gelb und rot
Motivlocher nach Wunsch
Schreibpapier
Tonpapier in verschiedenen Farben

So wird's gemacht

Aus Windradfolie einen 8 x 25 cm oder 10 x 30 cm großen Streifen zuschneiden. Schließen Sie diesen mit Doppelklebeband zum Ring und schneiden Sie dann einen gleich großen Streifen aus Strohseide zu, an dessen Unterkante die gewünschten Motive ausgestanzt werden. Den Streifen aus Strohseide um den Folienring legen und mit Klebestift zusammenkleben. Besonders dekorativ sieht es aus, wenn der obere Rand noch mit Stanzmotiven aus buntem Tonpapier verziert wird. Zum Schluss das Teelicht in die Mitte setzen.

● Tipp ●

Sehr dünne, feine Papiere wie die Strohseide müssen zum Stanzen der Motive mit Schreibpapier unterlegt werden.

Kindergeburtstag

Einladungskarten

Kunterbunt und lustig – so soll das Kinderfest werden, und so sieht auch die Einladung dazu aus.

Das wird gebraucht

Faltkarten, rot, grün und blau
Motivlocher »Kreis« und weitere Motive
  nach Wunsch
Tonpapier, rot, grün, blau und gelb
Filzstift, schwarz

So wird's gemacht

Blaue Karte
Schneiden Sie verschiedenfarbige Quadrate der Größe 2,5 x 2,5 cm aus Tonpapier zu. Diese werden mit unterschiedlichen ausgestanzten Motiven, z. B. mit Teddybär, Blume, Sonne, Auto, Schirm, Frosch u. a., beklebt, wobei ein Kärtchen für die spätere Beschriftung frei bleibt. Achten Sie beim Bekleben auf eine farblich stimmige Kombination.

Die fertigen Kärtchen schließlich zum Rastermuster auf der Faltkarte anordnen und festkleben.

Rote Karte
Die Karte wird ähnlich wie oben beschrieben gestaltet, wobei hier anstelle der Quadrate Kreise zum Einsatz kommen. Stanzen Sie diese aus buntem Tonpapier mit dem Motivlocher aus. Ein Kreis bleibt wieder frei für die Beschriftung.

Grüne Karte
Etwa zehn bunte Tonpapierkreise mit dem Motivlocher ausstanzen, auf der Faltkarte zum Tausendfüßler anordnen und festkleben. Mit dem Filzstift gestalten Sie dann das Gesicht und zeichnen zahlreiche Füßchen auf; eine frei ausgeschnittene Sprechblase mit »Einladung« beschriften.

● Tipp ●
Sehr ansprechend wirkt das Rastermuster der Karten auch mit dem gleichen Stanzmotiv für alle Quadrate oder Kreise – allerdings in unterschiedlichen Farben.

Spiele & Geschenke

Vorlagenbogen Seite B

Damit die Kinderparty nicht langweilig wird, sind Spiele genau das Richtige.

Das wird gebraucht

Wellpappe, blau oder grün und regen-
 bogenfarben
Fotokarton, gelb
Tonpapier in verschiedenen Farben
Motivlocher nach Wunsch
Filzstift, schwarz
Flaschenkorken
Messer
Klammern von Versandtaschen
Bastfaden

So wird's gemacht

Memory

Schneiden Sie aus gelbem Fotokarton kleine Karten der Größe 5 x 5 cm zu (siehe Vorlage); es sollten mindestens 20 Stück sein. Aus verschieden farbigem Tonpapier werden jetzt jeweils zwei gleiche Motive mit den Motivlochern ausgestanzt und auf die Kärtchen geklebt. Für jedes Motiv und jede Farbe sind somit zwei Kärtchen vorhanden.

Zum Spielen werden die Karten umgedreht ausgelegt; die Spieler müssen versuchen, möglichst viele Paare aufzudecken.

Kleine Mühle mit Verpackung

Nach Vorlage schneiden Sie zunächst das Spielfeld aus gelbem Fotokarton und die Verpackung aus blauer oder grüner Wellpappe zu. Das Spielfeld mit dem Filzstift aufzeichnen und mittig auf die entsprechend zugeschnittene und gefalzte Wellpappe kleben (siehe Vorlage).

Die sechs Spielsteine für zwei Spieler werden aus dem Flaschenkorken geschnitten und mit zwei Stanzmotiven, z. B. Ente und Frosch, beklebt. Für jeden Spieler sind somit drei Spielsteine mit dem gleichen Motiv vorhanden.

Zum Schließen der Verpackung stanzen oder schneiden Sie zwei Kreise aus regenbogenfarbener Wellpappe aus; sie werden an den in der Vorlage markierten Stellen mit der Klammer an der Wellpappe befestigt. Ein Bastfaden dient zum Umwickeln der Knöpfe.

• Tipp •

Damit auch keine Zweifel darüber bestehen, wie man Mühle spielt, kleben Sie am besten die Spielanleitung (siehe Vorlagenbogen) auf eine Seite der Verpackung.

Konzertkarten

Vorlagenbogen Seite B

Karten für ein musikalisches Ereignis sind ein beliebtes Geschenk und besonders attraktiv, wenn Sie dazu die passende Verpackung liefern.

Das wird gebraucht

Faltkarte, blau
Wellpappe, naturfarben und blau
Strohseide, gelb
Notenblattkopie
Tonpapier, rot, grün, blau und gelb
Motivlocher »Note« und »Herz«
Filzstift, schwarz
Satinband, rot
Textband

So wird's gemacht

Blaue Karte mit Tüte

Schneiden Sie aus blauer Wellpappe ein 15 x 21 cm großes Rechteck zu und falten Sie dieses in der Mitte zur Karte. Weiter ein 8 x 13 cm großes gelbes Rechteck aus Strohseide auf die Vorderseite der Karte kleben. Falten Sie aus der Notenblattkopie nach Vorlage eine kleine Spitztüte. Die Tüte dann zusammen mit dem Schriftband (siehe Vorlage) und den aus Tonpapier ausgestanzten bunten Noten aufkleben. Die Karte wird zum Schluss mit der roten Schleife aus Satinband verziert.

Blaue Karte mit Notenschlüssel

Die Faltkarte zunächst mit gerissener Strohseide beziehen. Anschließend zeichnen Sie mit schwarzem Filzstift fünf Notenlinien und den Notenschlüssel auf. Mit dem Motivlocher die bunten Noten aus Tonpapier ausstanzen, auf der Karte anordnen und mit Klebstoff fixieren. Schneiden Sie nun nach Vorlage das kleine Briefkuvert mit separater Klappe aus Notenpapier zu. Es wird zusammen mit einem eingesteckten Textausschnitt, der auf das Konzert hinweist, an der Vorderseite befestigt.

Naturfarbene Karte mit Herzen

Fertigen Sie wie oben beschrieben eine Karte aus Wellpappe an. Über gelbe Strohseide kleben Sie dann einen Ausschnitt aus der Notenblattkopie. Mit schwarzem Filzstift werden fünf Notenlinien und ein Notenschlüssel aufgezeichnet. Mehrere kleine Herzen sowie ein größeres mit dem Motivlocher aus rotem Tonpapier oder aus Wellpappe ausstanzen und auf der Karte verteilen. Den letzten Pfiff bekommt die Karte mit einem roten Schleifchen.

• Tipp •

Die Tageszeitung oder das Programmheft sind eine ergiebige Quelle für Ausschnitte, die mit dem Konzert in Zusammenhang stehen und die Sie in die Gestaltung der Karte mit einbeziehen können.

Kulinarische Begleitung

Vorlagenbogen Seite B

Von der Einladungs- und Menükarte bis hin zum Tischkärtchen und kleinen Rezeptbuch als Geschenk ... So schaffen Sie den individuellen Rahmen für ein Essen der besonderen Art.

Das wird gebraucht

Naturpapier (handgeschöpft), weiß und blau
Tonpapier, weiß, grün und blau
Strandgut, z. B. Muscheln und Steinchen
Juteband
Hanfschnur, natur und grün
evtl. Satinband
Wasserfarben und Pinsel
Strohseide, blau
Motivlocher »Fisch«
Schriftkopie
Motivschere
Schreibpapier, weiß

So wird's gemacht

Einladungskarte

In die Mitte der Faltkarte aus handgeschöpftem Papier einen etwa 6 cm breit gerissenen Streifen aus blauer Strohseide aufkleben. Nun bemalen Sie ein weißes Tonpapierrechteck der Größe 5 x 8 cm mit einem grün-blauen Meeresstreifen; anschließend trocknen lassen. Den Rand mit der Motivschere nachschneiden, die mit dem Motivlocher ausgestanzten Fische anordnen und aufkleben. Die Karte wird zusätzlich mit einer Strandcollage aus Jutegewebe, Muscheln, Steinchen und einer Hanfschleife dekoriert. Abschließend den entsprechenden Schriftzug anbringen.

Menükarte

Ein 15 x 21 cm großes Rechteck aus blauem Naturpapier zuschneiden und in der Mitte zur Karte falten. Weißes Tonpapier mit Wasserfarben grün und blau bemalen und den Schriftzug (siehe Vorlagen) aufkleben. Den unteren Rand der Faltkarte mit dem Fischlocher ausstanzen, mit einem Streifen aus bemaltem Papier unterlegen und die ausgestanzten Fische ins »Meer« setzen. Die weiße Schreibeinlage wird mit einer grünen Hanfschnur befestigt; Karte und Kordel mit Muscheln verzieren.

Rezeptbuch

Den Umschlag für Ihr ganz persönliches Rezeptbuch fertigen Sie aus handgeschöpftem Papier wie die Menükarte (siehe oben) an. In gleicher Größe die Schreibeinlagen zuschneiden und mit Band oder Schnur im Umschlag befestigen.

Tischkärtchen

Das Tischkärtchen aus weißem Tonpapier in doppelter Größe wie vorgesehen oder nach Vorlage zuschneiden und in der Mitte falten. Die Vorderseite mit Wasserfarben kolorieren und die Fische ausstanzen. Nach dem Trocknen wird das Kärtchen glatt gebügelt und beschriftet.

Gutscheine aller Art

Vorlagenbogen Seite B

Blumen sind charmante »Überbringer« für einen Geschenkgutschein. Der Rahmen wird für die Dame und für den Herrn entsprechend variiert.

Das wird gebraucht

Faltkarte aus Wellpappe, grün und rot
Tonpapier, grün
Motivlocher »Blume«
Strohseide, natur
Hanfschnur
Wasserfarben und Pinsel
Tonpapier in verschiedenen Farben
Foto oder farbiger Ausschnitt
  (Zeitschriften, Kataloge)
Kordel, rot
Schriftkopie »Gutschein«

So wird's gemacht

Grüne Karte

Hinter das Passepartout der Faltkarte ein schönes Pflanzenfoto kleben. Den Rand des Ausschnittes verzieren Sie mit zahlreichen ausgestanzten Blüten in Gelb und Weiß. Über die Innenfläche der Karte kleben Sie ein passend zugeschnittenes Deckblatt aus grünem Tonpapier. Den Gutschein einlegen und die Karte mit Hanfschnur und dem aufgeklebten Schriftzug verschließen.

Rote Karte

Kleben Sie einen etwa 8 x 12 cm großen Streifen aus gerissener Strohseide auf die Vorderseite der Faltkarte. Nun werden unterschiedlich lange und leicht mit Wasserfarben eingefärbte Hanf-

schnurabschnitte als Bündel aufgeklebt. Um den Eindruck eines riesigen Blumenstraußes hervorzurufen, verteilen Sie eine große Zahl ausgestanzter Blüten in verschiedensten Farben und unterschiedlicher Größe auf der Karte und

kleben sie an. Den kopierten Schriftzug mittig über die Karte setzen, an den Seiten festkleben und mit einer Kordel dekorieren.

Schneeflöckchen, Weißröckchen...

Vorlagenbogen Seite A

Wenn die ersten Schneeflocken fallen, ist der Traum von der weißen Weihnacht nicht mehr fern.

Das wird gebraucht

Faltkarten, weiß
Wellpappe, weiß
Strohseide, grün und weiß
Tonpapier, blau und weiß
Goldpapier
Motivlocher »Schneeflocke«
Textkopie antiker Brief (siehe Vorlage)
Notenblattkopie »Stille Nacht« (siehe
   Vorlage)
Wasser- oder Plakafarben, gold, blau und
   grün
Pinsel
Goldstift
Schreibpapier

So wird's gemacht

Karte mit Textfragment

Die Vorderseite der weißen Faltkarte beziehen Sie so mit blauem Tonpapier der Größe 11 x 13,5 cm, dass ringsum ein weißer Rand sichtbar bleibt. Am oberen Rand der blauen Fläche ein Stück gerissene weiße Strohseide aufkleben, aus der vorher mit dem Motivlocher eine Schneeflocke ausgestanzt wurde. (Zum Ausstanzen der Schneeflocke die dünne Strohseide mit einem Blatt Schreibpapier unterlegen.) Nun kleben Sie diese und eine weitere aus Strohseide ausgestanzte Schneeflocke auf die Karte und bringen am unteren Rand die Textkopie des antiken Briefs an.

Karte mit Notenblatt

Aus weißer Wellpappe schneiden Sie ein Rechteck der Größe 15 x 21 cm zu und falten es in der Mitte. Die Kopie des Notenblatts 8 x 12,5 cm groß zuschneiden und mit Pinsel und Farbe kolorieren. Nach dem Trocknen das Papier glatt bügeln, mit dem Motivlocher drei Schneeflocken ausstanzen und das fertige Blatt auf die Vorderseite der vorbereiteten Faltkarte kleben.

Karte mit grüner Strohseide

Die Vorderseite der weißen Faltkarte so mit grüner Strohseide beziehen, dass ein weißer Rand sichtbar bleibt. Mit dem Motivlocher stanzen Sie dann aus weißem und goldenem Papier Schneeflocken aus und kleben sie auf die Karte. Eine kleine Collage aus gerissenen Papierstreifen in Weiß, Gold und Grün wird am unteren Rand der Karte als stilisierte Landschaft aufgeklebt. Tupfen Sie zum Abschluss mit dem Goldstift viele Pünktchen, die weitere kleine Schneeflocken darstellen, auf.

• Tipp •

Die ausgestanzten Schneeflocken-Motive können auch sehr gut als Dekoration für das Briefkuvert verwendet werden.

Moncher ami!
En lisant ces mots, souvenés Vous d'un de vos
ami qui se nomme
De Louis Gerstenberg & Compatriot.

Glanzvolle Weihnachtspost

Alle Jahre wieder ... werden liebe Menschen mit Weihnachtsgrüßen und -wünschen bedacht. Eine selbst angefertigte Karte verbreitet immer besonderen Glanz.

Das wird gebraucht

Faltkarten, blau
Tonpapier, blau
Marmorpapier
Goldpapier und weißes Papier
Stück Zeitungspapier
Motivlocher »Engelsilhouette« und
 »Tannenbaum«
Wasser- oder Plakafarben, gold und blau
Pinsel
Goldkordel
Goldstift

So wird's gemacht

Marmorkarte

Das Marmorpapier oder ein besonders schönes Motivpapier in der Größe 6,5 x 10 cm zuschneiden. Daraus wird mit dem Motivlocher die »Engelsilhouette« ausgestanzt. Jetzt kleben Sie das Papier auf die blaue Faltkarte und umranden die Fläche mit einem Goldstift. Nach Wunsch können Sie mit dem Goldstift zusätzlich die Linien in der Marmorierung verstärken.

Karte mit Tannenbaum

Das Zeitungspapier kräftig mit blauer und goldener Farbe kolorieren, wobei der Text noch verschwommen sichtbar bleibt. Nach dem Trocknen einen 5 cm breiten Streifen ausschneiden und mit Abstand zum linken Falz auf der Karte aufkleben. Nun werden mit dem Motivlocher aus weißem Papier Tannenbäume ausgestanzt. Setzen Sie diese mittig über den rechten Rand des bemalten Zeitungspapiers und befestigen Sie über der linken Längskante einen schmalen weißen Papierstreifen.

Goldene Karte mit Engeln

Die Querformat-Karte aus blauem Tonpapier in der Größe 10,5 x 30 cm zuschneiden und in der Mitte falten. Zusätzlich schneiden Sie eine Einlage aus Goldpapier in der Größe 10,5 x 15 cm zu. Den rechten oberen Rand an der Vorderseite der Karte schräg abreißen, so dass die goldene Einlage gut sichtbar wird. Am unteren Rand der Karte stanzen Sie mit dem Motivlocher mehrmals die Engelsilhouette aus, so dass auch hier das Goldpapier zu sehen ist. Die Vorderseite abschließend noch leicht mit Goldfarbe bestreichen und die Faltkarte mit einer Goldkordel verschließen.

● Tipp ●

Beim Einfärben von Papieren immer großzügig arbeiten und eine größere Fläche kolorieren als benötigt, danach in gewünschter Größe ausschneiden.

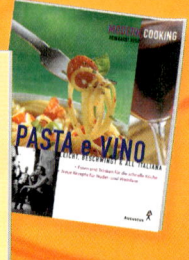

Die Deutsche Bibliothek – CIP-Einheitsaufnahme

Ein Titeldatensatz für diese Publikation ist bei
Der Deutschen Bibliothek erhältlich.

*Neben dem Fachhandel (Schreibwaren- und Bastelgeschäfte)
haben Sie auch die Möglichkeit, die Motivlocher und anderes
Zubehör über folgende Firmen zu beziehen:
MM Siniaro – Versandhandel, 73730 Esslingen
Fa. Joki's Jörg van Bracht, 41065 Mönchengladbach*

Die im Buch veröffentlichten Ratschläge wurden von Verfasserin und Verlag sorgfältig erarbeitet und geprüft. Eine Garantie
kann dennoch nicht übernommen werden. Ebenso ist die Haf-
tung der Verfasserin bzw. des Verlages und seiner Beauftragten
für Personen-, Sach- und Vermögensschäden ausgeschlossen.

Fotografie: Klaus Lipa, Diedorf bei Augsburg
Lektorat: Eva-Maria Müller, Augsburg
Umschlagkonzeption: Kontrapunkt, Kopenhagen
Umschlaglayout: Angelika Tröger
Reihenkonzeption: Kontrapunkt, Kopenhagen
Layout: Anton Walter, Gundelfingen

AUGUSTUS VERLAG, München 2000
© Weltbild Ratgeber Verlage GmbH & Co. KG

Satz: Gesetzt aus 9,5 Punkt The Sans von DTP-Design Walter,
Gundelfingen
Reproduktion: GAV Prepress, Gerstetten
Druck und Bindung: Offizin Andersen Nexö, Leipzig

Gedruckt auf 135 g umweltfreundlich chlorfrei gebleichtes
Papier.

ISBN 3-8043-0704-3

Printed in Germany